NOUVEAU SOLFÉGE,

PAR

L. LEFEBURE.

À VENISE,

Et se trouve A PARIS,
Chez CAILLEAU, Imprimeur-Libraire,
rue Saint-Severin.

1780.

NOUVEAU SOLFÉGE.

INTRODUCTION.

LES notes ſervent de lettres aux Muſiciens. Avec des notes, ils écrivent un air, comme avec des lettres on écrit un diſcours. Sçavoir *ſolfier*, c'eſt ſçavoir lire.

Juſqu'à préſent on eſt parvenu difficilement à lire la Muſique. En veut-on ſçavoir la raiſon? C'eſt qu'une même note change fréquemment de nom, & qu'un même nom peut, en outre, déſigner des ſons fort différens. (*Figures* 1 & 2.)

Tant d'équivoques, dès l'abord, ſont faites pour rebuter. Auſſi des gens habiles ont-ils proposé plus d'une fois de réformer les noms & les notes, d'abolir même le papier réglé. Je ne suis pas de cet avis; les caractères en usage me paroissent, à beaucoup d'égards, mériter d'être conservés. D'ailleurs, en convenant qu'ils sont défectueux, j'ose affirmer que cette nouvelle méthode remédie à tous leurs inconvéniens.

PREMIERE LEÇON.

CHACUN sçait qu'un son tout seul ne fait pas un air; mais que le passage d'un ton à un autre forme ce qu'on appelle un intervalle, & que la succession de plusieurs intervalles compose un air bon ou mauvais.

Or, le chant désigné d'ordinaire par ces syllabes connues :

ut, *re*, *mi*, *fa*, *sol*, *la*, *si*, *ut*,

renferme tous les intervalles reçus en Musique, & par conséquent c'est une gamme ou échelle applicable à tous les airs.

Il seroit curieux, mais il est impossible

de voix comment le gosier forme cette gamme. Vous pouvez seulement, au moyen d'une corde, soit de boyau, soit de métal, acquérir une idée suffisante des opérations de la voix.

EXPÉRIENCE.

Après avoir tendu médiocrement une corde, divisez-la comme dans la Planche, (*Figure* 3.) en 180 parties égales, puis pincez-la, elle rendra un son que vous pouvez nommer *ut*.

Interrompez ensuite le son, en plaçant un obstacle à la 160e division, & pincez les $\frac{8}{9}$, autrement la grande longueur : vous aurez le son qui suit *ut* & qu'on nomme *re*.

Interrompez le son à la 144e division, vous aurez *mi*.

à la 135e division, vous aurez *fa*.

à la 120e division, ce sera *sol*.

à la 108e division, ce sera *la*.

à la 96e division, ce sera *si*.

à la 90e, moitié de 180 *ut*, qui est l'octave ou répétition du premier *ut*.

On juge bien, d'après cette expérience, que la gamme ſe trouve plus grave ou plus aiguë, ſuivant que la corde diviſée eſt plus ou moins longue, & que cependant les tons de la gamme ſont juſtes entr'eux, dès qu'on a ſuivi la même diviſion.

Mes leçons ſe rapporteront ſans ceſſe à cette échelle invariable. Si la Muſique eſt un labyrinthe, je ne connois que ce guide pour en ſortir.

II. LEÇON.

GARDONS-nous, en général, d'attacher aux expreſſions un ſens trop étendu. Les noms *ut*, *re*, *mi*, *fa*, *ſol*, *la*, *ſi*, *ut*, ſignifient ſimplement ici 1er, 2e, 3e, 4e, 5e, 6e, 7e, & 8e ſons de la gamme. Quand on donne au 1er le nom de *re*, *mi* devient le 2e, *fa* le 3e, ainſi du reſte.

A quel propos, direz-vous, changer le nom du 1er. ſon de la Gamme?

C'eſt qu'en effet, il eſt rare que dans un

air la gamme universelle demeure constamment sur le même son. Elle se place tour à tour sur chacun des propres sons qui la composent, & de-là retourne au 1er d'où elle est partie ; comme un oiseau qui, voltigeant de branche en branche, reviendroit enfin à son nid; c'est ce que les Musiciens appellent moduler.

Afin de rendre l'opération de la voix plus sensible, nous pourrions dire que moduler c'est changer de corde sonore : car, dès qu'un air, ayant commencé dans le ton d'*ut*, passe dans le ton de *sol*, on peut se figurer que la corde qui donnoit *ut*, est coupée à la division 120, qui donnoit *sol*, & que cette nouvelle longueur, étant, à son tour, divisée en 180 parties, va donner, par une proportion pareille à la précédente, tous les sons de l'air, tant qu'il restera dans le ton de *sol*.

Pour dire la même chose en d'autres termes :

Si vous chantez la gamme connue, *ut*, *re*, *mi*, *fa*, *sol*, *la*, *si*, *ut*, vous êtes en *ut*.

Si montant d'*ut* au *sol*, (abstraction faite des notes) vous partez de ce *sol*, & répétez la même Chanſon ſur les ſyllabes : *ſol*, *la*, *ſi*, *ut*, *re*, *mi*, *fa*, *ſol*, vous êtes en *ſol.*

Pour entonner toujours juſte, il n'eſt donc beſoin que de connoître le ton d'où l'on part & ceux par où l'on paſſe, afin de leur appliquer à-propos la gamme univerſelle. Je ne tarderai pas à enſeigner ce ſecret ; mais auparavant j'ai une obſervation très-importante à faire.

IIIe. LEÇON.

LES Muſiciens diſtinguent deux modes, le *majeur* & le *mineur.*

C'eſt en majeur que vous chantez, lorſque vous entonnez la gamme univerſelle ; & ſoit que vous la montiez ou que vous la deſcendiez, vous êtes invariablement en majeur.

La gamme du mode mineur, au contraire, diffère non-ſeulement du majeur ; mais elle varie encore, ſuivant qu'on la deſcend ou qu'on la monte.

Cependant, à bien examiner ces différences, elles se réduisent presqu'à rien, vû l'analogie qui se trouve entre le mode mineur d'un ton, & le mode majeur d'un autre ton.

Par exemple: descendez la gamme universelle, dans le ton d'*ut*, vous aurez le mode majeur d'*ut*. (*Fig.* 4).

Mais, si, répétant les mêmes sons, vous descendez simplement d'un *la* à l'autre, vous aurez ce qu'on appelle gamme de mode mineur dans le ton de *la*, en descendant. (*Fig.* 4).

Voulez-vous avoir le mode mineur de *la* en montant? répétez les mêmes sons, *la*, *si*, *ut*, *re*, *mi*; puis entonnez la gamme universelle dans le ton de *la*, elle vous donnera juste les deux tons *fa* & *sol* qui restent. (*Fig.* 5).

D'où il est évident, que le mode mineur de *la* en descendant, se forme de celui d'*ut*, & qu'il est, en montant, simplement la gamme universelle, en partie dans le ton de *la*, en partie dans le ton d'*ut*.

Au surplus, retenez de mémoire une

gamme mineure, tant en montant qu'en descendant, ce qui n'est pas fort pénible; elle vous servira d'échelle pour tous les airs qui sont en mode mineur, & rappellez-vous que la gamme universelle, qui est l'échelle par excellence, est celle de tous les airs qui sont en majeur.

IVe. LEÇON.

TOUT de même qu'il faut connoître la position des clefs pour deviner le nom des notes, également il faut sçavoir la position des dieses & des bémols qui sont placés auprès de la clef, pour sçavoir quel est le ton de l'air: c'est-à-dire, quelle est la note qui représente le 1er. son de la gamme universelle.

Vous savez qu'il y a trois clefs, celle d'*ut* se pose sur la 1re. 2de. 3e. & 4e. ligne.

Celle de *sol* sur la 1re. & 2de.

Celle de *fa* sur la 3e. & 4e., toujours en partant de la ligne la plus basse.

On ne poſe aucune clef ſur la ligne la plus élevée.

Chaque clef donne ſon nom à la note placée ſur la même ligne qu'elle. (Voyez à la Planche leur figure & leur poſition, *Fig. 6*).

Voici maintenant l'ordre invariable dans lequel les Muſiciens poſent auprès de la clef les dieſes & les bémols.

1er. 2e. 3e. 4e. 5e. 6e. 7e.

fa, *ut*, *ſol*, *re*, *la*, *mi*, *ſi* pour les dieſes, au rebours pour les bémols (*Fig.* 12).

ſi, *mi*, *la*, *re*, *ſol*, *ut*, *fa*.

1er. 2e. 3e. 4e. 5e. 6e. 7e.

Le dernier dieſe employé à la clef, indique toujours la première note de la gamme, autrement nommée, tonique. Elle ne peut qu'être immédiatement au-deſſus, ou au-deſſous du dernièr dieſe.

Eſt-elle au-deſſus? l'air eſt en majeur.

Eſt-elle au-deſſous ? l'air eſt en mineur, & il eſt décidément en mineur, toutes les fois que la première note au-deſſous de la tonique mineure, ſe trouve, tout-à-coup, altérée par un dieſe accidentel.

Si la clef porte des bémols, appliquez le même raiſonnement, non pas au dernier bémol qu'elle porte; mais au bémol qui, dans l'ordre preſcrit ci-devant, ſuivroit ce dernier.

Je vais donner quelques exemples : ſuppoſons à la clef un ſeul dieſe; ce dieſe eſt pour *fa*, & l'air eſt en

ſol majeur,
ou *mi* mineur;

mais, certainement en *mi* mineur, quand peu de meſures après, le *re* ſe trouve dieſe. (*Fig.* 7).

La clef a-t-elle deux dieſes? le dernier ſera pour *ut*: l'air eſt en

re majeur,
ou *ſi* mineur;

mais, certainement en *ſi* mineur, quand le *la* ſe trouvera dieſe, peu de meſures après. (*Fig.* 8).

Que la clef porte un bémol, il ſera pour *ſi*:

ajoutez, par ſimple ſuppoſition celui qui ſuivroit : c'eſt *mi ;* le ton de l'air eſt en

fa majeur,
ou *re* mineur,

& certainement *re*, dans le cas où *ut* ſe trouve dieſe, peu de meſures après. (*Fig.* 9).

Y a-t-il deux bémols à la clef? le dernier ſera pour *mi ;* ajoutez en un troiſième, c'eſt *la ;* l'air eſt en

ſi majeur,
ou *ſol* mineur,

& décidément en *ſol*, quand peu de meſures après, le *fa* ſe trouve dieſe. (*Fig.* 10).

V^e. LEÇON.

VOUS ſçavez déſormais, ſuivant cette règle, d'après les dieſes ou bémols qui ſont à la clef, quel eſt le ton général de l'air.

Voici, maintenant, la méthode pour trouver dans quel ton cet air paſſe.

Tout nouveau ſigne indique un nouveau ton.

Et toute ſuppreſſion dudit ſigne, vous remet conſéquemment dans le ton que ce ſigne vous faiſoit quitter.

Si le nouveau ſigne n'interrompt point l'ordre plus haut preſcrit, vous agiſſez d'après lui, comme s'il ſe trouvoit à la clef.

Mais ſi le nouveau ſigne interrompt l'ordre, il n'indique plus que la note au-deſſus de lui pour tonique, & ce mode, au lieu d'être majeur, eſt pour lors mineur.

Il y a deux manières de ne pas interrompre l'ordre preſcrit : 1°. quand le nouveau ſigne ne fait qu'effacer le dernier dieſe ou bémol : 2°. quand il ajoute ſimplement le dieſe, ou bémol d'après.

Il y a également deux manières d'interrompre cet ordre : 1o. quand le nouveau dieſe ou bémol n'eſt point immédiatement celui qui devroit venir à la ſuite des autres. 2o. Lorſque le nouveau ſigne efface quelqu'un des dieſes ou bémols qui ſont à la clef, hors le dernier.

EXEMPLES de ces divers accidens.

Une clef porte 3 dieſes, qui ſont néceſſairement, *fa*, *ut*, *ſol*:

Vient un *ſol* bémol accidentel. L'ordre preſcrit ſe conſerve; *ut* reſte dernier dieſe: l'air eſt en *re* majeur, ou *ſi* mineur: premier Exemple.

Une clef porte ces mêmes 3 dieſes, *fa*, *ut*, *ſol*; puis vient un *re* dieſe accidentel. L'ordre ſe conſerve encore; le dernier dieſe, c'eſt *re*, le ton de l'air eſt *mi* majeur, ou *ut* mineur: ſecond Exemple..

Continuons de ſuppoſer ces 3 dieſes, *fa*, *ut*, *ſol*, & qu'un dieſe accidentel vienne à ſe préſenter ſur *mi*, on voit que, pour conſerver l'ordre, il faudroit que *re* & *la* dieſe euſſent précédé ce *mi*; c'en eſt aſſez pour conclure que l'air eſt en *fa* ſeulement, & déterminément, en mineur de *fa*.

Enfin, ne ſortant point de nos 3 dieſes, ſuppoſons qu'il paroiſſe un bémol; ce bémol peut briſer l'ordre de la clef, en effaçant ou *ut*, ou *fa*. Que faire?

Dans cette occurrence, n'allez pas, ſuivant la règle relative aux *Figures* 9 & 10, ajouter, même par ſuppoſition, un nouveau bémol, & partir d'après lui; mais dites: je dois prendre pour guide le dieſe qui vient après le dieſe effacé: donc, ſi le bémol accidentel détruit *fa*, je pars d'*ut*, qui me donne *re* mineur. Si le bémol accidentel détruit *ut*, je pars de *ſol*, & j'ai *la* mineur.

Toutes les fois qu'un dieſe accidentel briſe une clef portant des bémols, on n'a pas tant d'ouvrage à faire; ce dieſe indique ſur le champ au-deſſus de lui préciſément la tonique mineure que l'on cherche.

Vous obſerverez que ſi la clef ne porte aucun dieſe, ou aucun bémol, c'eſt préciſément comme s'ils s'y trouvoient tous.

Par une ſuite naturelle de cette obſervation, lorſqu'après une pareille clef il ſe préſente accidentellement un bémol; par exemple, ſur un *mi*, ce bémol ſeroit cenſé effacer le *mi* dieſe, qui eſt l'un des 7 dieſes que nous pouvons ſuppoſer à la clef; & puiſque cette ſuppreſſion interrompt l'ordre preſcrit, le dieſe, d'après d'après ce diese effacé, indiquera une tonique mineure. Dans le cas présent, ce diese seroit *si*, qui indiqueroit à l'instant *ut* pour tonique mineure.

VIe. LEÇON.

HABITUEZ-vous à transporter de dégrés en dégrés votre gamme universelle, qui est majeure. Elevez-la d'abord de 5te en 5te : c'est-à-dire, faites-la passer successivement du ton d'*ut* aux suivans, *sol*, *re*, *la*, *mi*, *si*, *fa*, *ut* ; car, d'un ton à l'autre, il n'y a dans chaque gamme qu'un seul son différent de la précédente. (*Figure* 11).

Avec le tems, vous parviendrez à la transporter d'un dégré au dégré voisin ; c'est-à-dire, vous passerez de *ut* à *re*, de *re* à *mi*, ainsi des autres.

D'après cette remarque, apprenez à choisir les transitions de ton les plus naturelles, pour élever & abaisser successivement votre gamme mineure, dont le 6e & le 7e son différent, ſuivant que l'on monte, ou que l'on deſcend cette gamme.

Enfin, habituez-vous non-ſeulement à chanter la même gamme ſur tous les tons, mais encore à changer à la fois de ton & de mode.

La tranſition la plus facile d'un majeur à un mineur eſt, par exemple, celle d'*ut*, à *la*, celle de *la* à *fa*, & généralement d'un ton majeur quelconque, à ſon 3e ſon au-deſſous; car nous avons déjà vu qu'en deſcendant, c'étoit réellement la même choſe.

Cette manière d'enviſager la mélodie, conduit à juger ſainement de ſon mérite.

On découvre aiſément par elle dans les ouvrages des plus habiles Compoſiteurs, les loix ſtables de la nature conſtamment ſimple dans ſes moyens, uniforme dans ſes opérations, variée juſqu'au prodige dans ſes effets.

Elle prouve auſſi que l'homme de génie abuſe la multitude, & s'abuſe quelquefois lui-même, quand il nomme *heureuſes licences*, de vraies beautés; car elles ne réſultent jamais que de la plus parfaite obſervation de ces loix.

VIIe. LEÇON.

JE croirois cet ouvrage incomplet, si je n'y traitois de la mesure ; mais comme cette partie exige peu de préceptes & un peu plus de pratique, je dirai briévement ce qu'on retrouve dans tous les élémens de Musique.

Une ronde est égale en durée à deux blanches: la blanche vaut deux noires: la noire, deux croches: la croche, deux doubles croches ; & la double croche, deux triples croches. (*Figure* 13).

Les mesures ne sont réellement qu'à 3 & à 4 tems. Le $\frac{6}{8}$ qui se bat à deux tems, est une espèce particulière de mesure.

Elles peuvent avoir d'autres chiffres pour indicateurs. Par exemple $\frac{2}{4}$: alors le chiffre supérieur désigne que la mesure actuelle de l'air est composée de deux notes, de l'espèce dont il en faudroit 4 pour faire une ronde: or, 4 noires valent une ronde ; c'est donc deux noires que doit contenir la mesure $\frac{2}{4}$.

Si le chiffre inférieur eſt 8, comme dans $\frac{3}{8}$; c'eſt que la meſure contient 3 notes, de l'eſpèce deſquelles il en faudroit 8 pour la ronde ; ce qui indique 3 croches , &c. &c.

Au reſte, exercez-vous à battre la meſure à 2, à 3 & à 4 tems; c'eſt tout ce qu'il y a d'eſſentiel. Quelquesfois, l'eſpèce des notes qui forment les demi-tems, ſe paſſent inégales : c'eſt-à-dire, que la dernière moitié du tems ſe chante plus brève que la première. Si les Muſiciens vouloient s'accorder, cette règle pourroit devenir générale, & la nomenclature de l'art en ſeroit plus courte, & moins confuſe.

CONCLUSION.

J'ai clairement établi, par les diviſions d'une corde ſonore, comment ſe forme la gamme, avec laquelle notre voix & nos oreilles ſe familiariſent dès le berceau.

J'ai fait voir que cette gamme eſt un modèle univerſel, applicable à tous les airs.

J'ai rendu palpable ce qu'on nomme

changement de ton, lorſque j'en ai montré la cauſe dans un ſimple changement de corde ſonore.

Enfin, j'ai donné la clef de ce changement.

Cela ſuffit aux êtres intelligent qui ſçavent raiſonner juſte ſur un petit nombre de principes évidens. Quant aux perſonnes, dont l'eſprit ſans culture ne diſtingue pas les vérités d'un certain ordre, elles ſe croiront peut-être mieux inſtruites, lorſqu'on leur dira qu'il y a des tons majeurs qui ne reſſemblent point à d'autres tons majeurs ; des tons mineurs différens d'autres tons mineurs ; des demi-tons de pluſieurs eſpèces, qui cependant ne forment une moitié de ton dans aucun ſens, & enfin des comma, genre d'intervalle que la voix ne peut rendre, & que l'oreille ne peut apprécier.

J'avoue que ces perſonnes-là pourront graver quelques airs dans leur mémoire, lorſqu'à l'appui de ces belles connoiſſances, un Maître enhardi par une longue habitude viendra faire auprès d'elles précifément l'office d'une ſerinette : reſte à décider ſi l'on eſt Muſicien, quand, au bout de pluſieurs années, on lit ainſi quelques airs, à-peu-près par tradition.

Je n'ai point dit, avec tous les Maîtres, que le dieſe élevât la note d'un demi-ton; ni que le bémol l'abaiſſât d'autant; ni que le béquarre la remit dans ſon état naturel. En voici la raiſon : le dieſe ou le bémol font bien plus, ſelon moi, que d'altérer la note, puiſqu'ils indiquent toujours un changement de ton. Quant au béquarre, je le regarde comme bémol, lorſqu'il efface un dieſe, & comme dieſe, lorſqu'il efface un bémol.

C'eſt communément d'une définition, ou fauſſe, ou mal énoncée, qu'en tout genre on voit dériver les erreurs.. Auſſi ai-je cru devoir établir ma méthode ſur un point fixe & ſenſible. C'eſt pour cela que j'ai parlé de la proportion invariable des ſons, avant de parler des ſignes équivoques dont on ſe ſert pour les repréſenter. Si quelqu'un pouvoit me blamer d'avoir ſuivi cet ordre, qu'il nous apprenne donc lequel eſt préférable, de paſſer d'une choſe évidente à ſon ſigne obſcur, ou de remonter de lui à elle. D'ailleurs, l'expérience prouvera bientôt, je l'eſpère, que je n'ai pas eu tort de recourir à la Nature, pour interprêter l'antique verbiage de ſes interprêtes.

FIN.

1
Sol
si
re
&c.
2 ut ut ut ut
1er son 4e son 7e son 3e son
&c.

Echelle

3
10 20 30 40 50 60 70 80 90 100 110 120 130 140 150 160 170 180

Longueur de la Corde 180. 90 96 108 120 135 144 160 180
8e Son ut
7e Son si
6e Son la
5e Son sol
4e Son fa
3e Son mi
2e Son re
1er Son ut
ou ou ou ou ou ou ou

4
Gamme en mode mineur de la en descendant
ut sol fa mi re ut si la
ut si la sol fa mi re ut si la
Gamme en mode majeur d'ut
5
Gamme en mode mineur de la en mont.t
come en la majeur
fa sol
la si ut re mi fa sol la
comme en ut majeur

Clef d'ut
Clef de fa
Clef de sol
6
ut ut ut ut
fa fa
sol sol

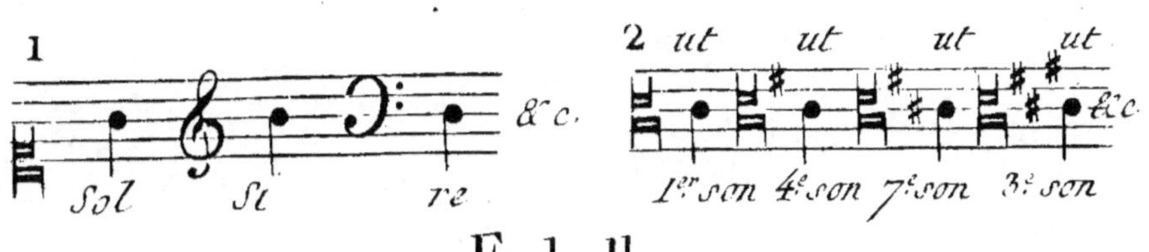

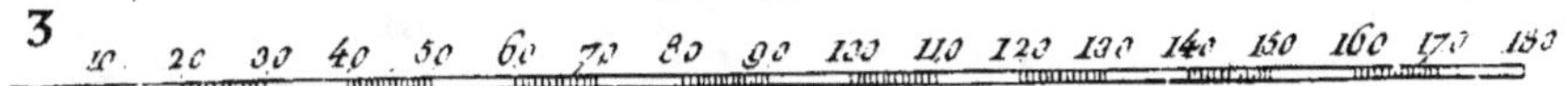

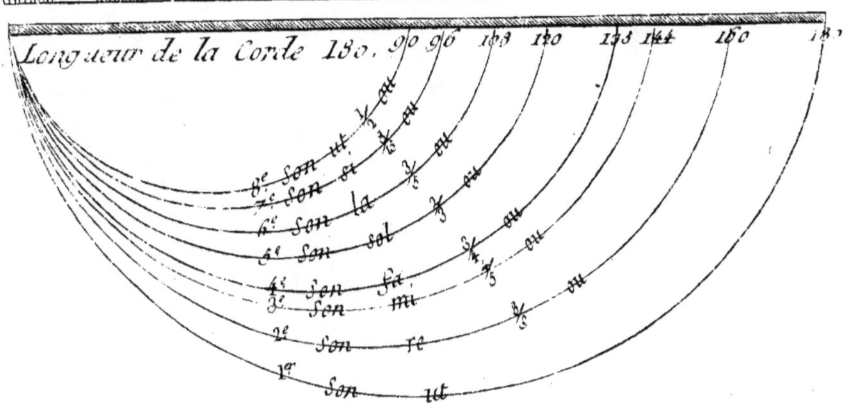

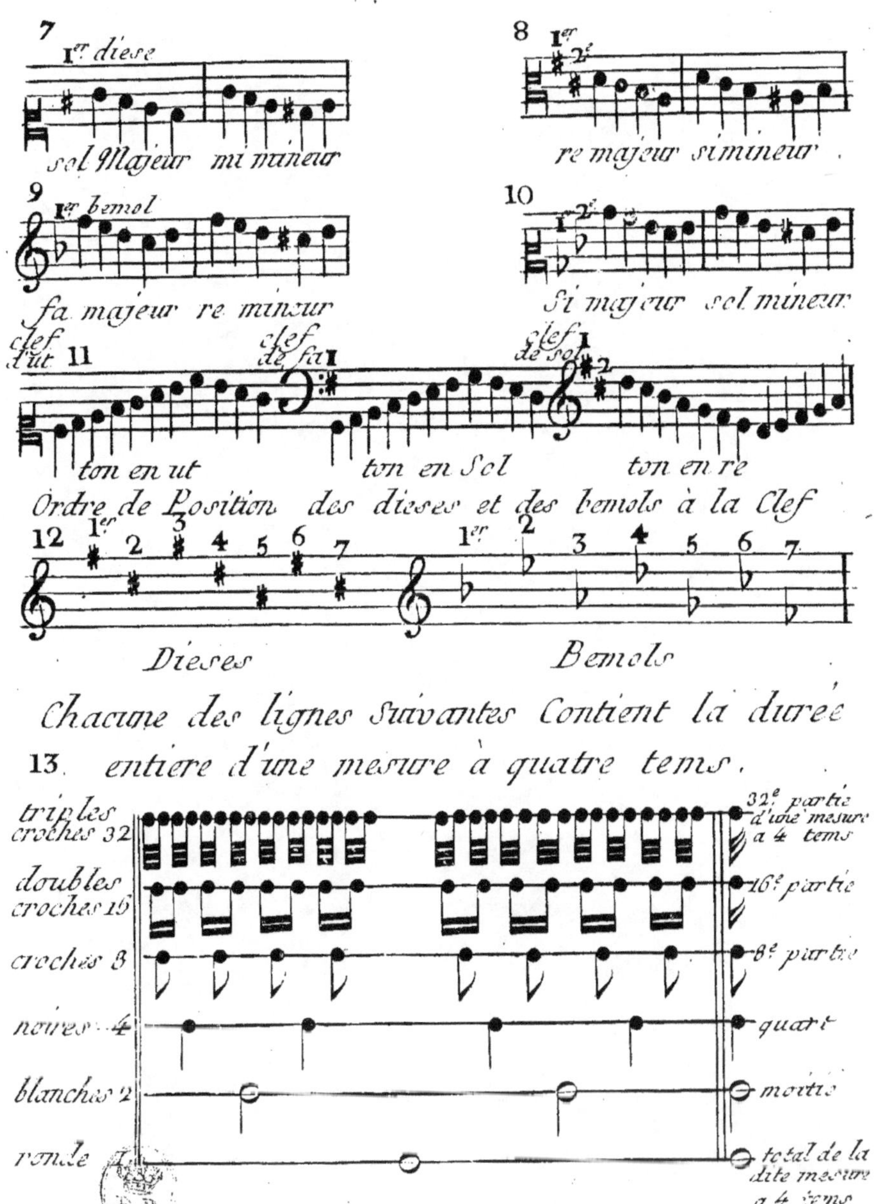
7
1er. diese
sol Majeur mi mineur
8
1er
2e
re majeur si mineur
9
1er bemol
fa majeur re mineur
10
1er
2e
Si majeur sol mineur
clef d'ut 11
clef de fa I
clef de sol I 2
ton en ut
ton en Sol
ton en re
Ordre de Position des dieses et des bemols à la Clef
12
1er 2 3 4 5 6 7
1er 2 3 4 5 6 7
Dieses
Bemols
Chacune des lignes Suivantes Contient la durée
13. entiere d'une mesure à quatre tems.
triples croches 32
32e partie d'une mesure a 4 tems
doubles croches 16
16e partie
croches 8
8e partie
noires 4
quart
blanches 2
moitié
ronde
total de la dite mesure a 4 tems

www.ingramcontent.com/pod-product-compliance
Lightning Source LLC
LaVergne TN
LVHW052020160826
845678LV00003B/1134

* 9 7 8 2 3 2 9 6 4 5 7 7 3 *